La cathédrale

Illustré par Maurice Pommier
Réalisé par Gallimard Jeunesse
Claude Delafosse et
Maurice Pommier

GALLIMARD MES PREMIÈRES DÉCOUVERTES DE L'HISTOIRE

A travers l'Europe,
quand les églises romanes devinrent
trop petites pour accueillir tous les fidèles,
la décision fut prise de construire
de très grandes cathédrales.

Des quêtes s'organisent à travers tout le pays pour rassembler l'argent nécessaire à la construction.

L'assemblée des religieux,
le chapitre, fait appel à un architecte.
Il propose son plan de l'édifice.

Le chantier peut commencer !

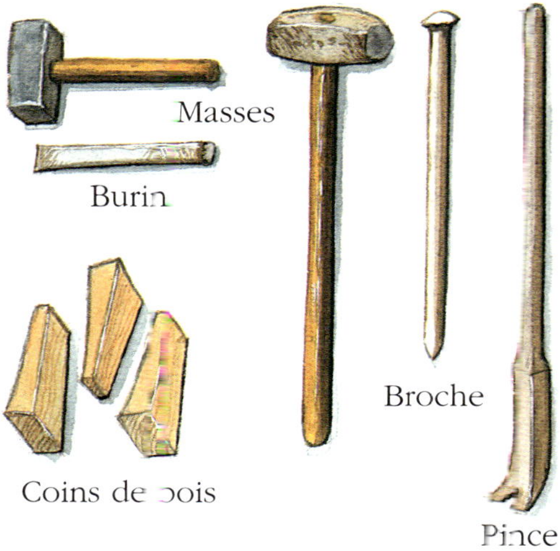

Très vite, les carriers se mettent à extraire les pierres de la carrière.

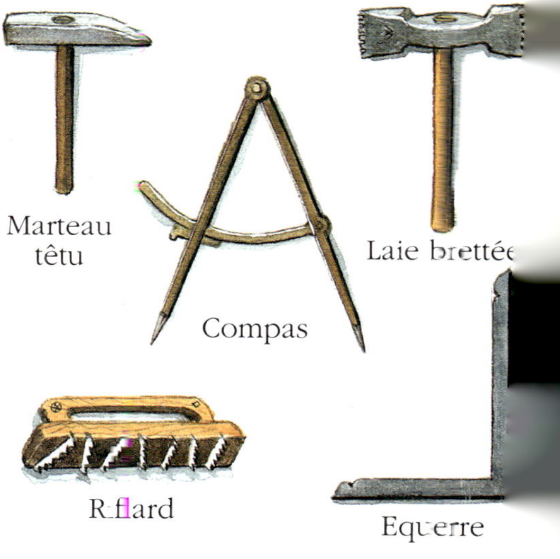

La géométrie n'a pas de secret pour le tailleur de pierre.

L'architecte donne sa tâche à chacun des ouvriers.

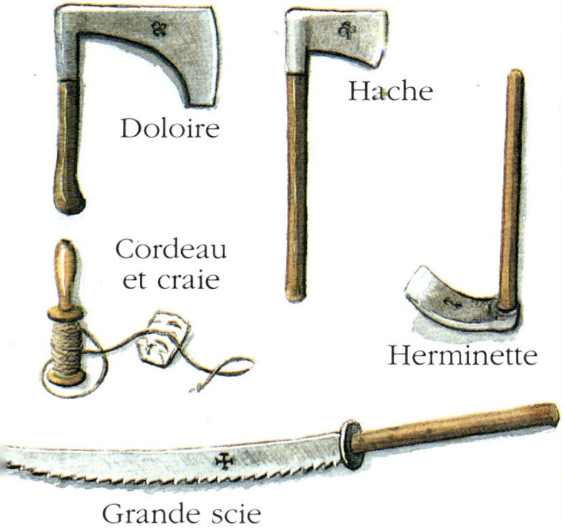

Le maître charpentier fabrique les cintres des voûtes et les charpentes.

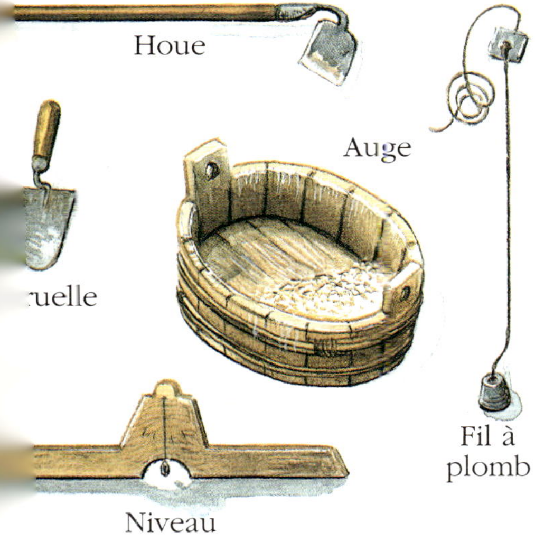

Le gâcheur prépare le mortier et le maçon assemble les pierres.

Les ouvriers sont payés à la semaine ou à la journée.

Les outils sont fabriqués
sur place par le forgeron.

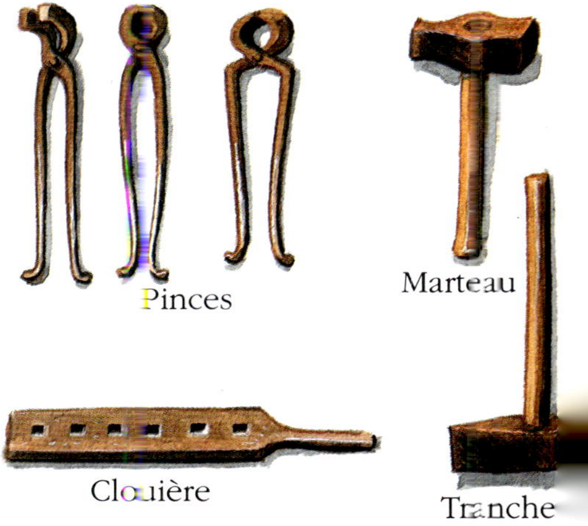

Le maître verrier colore le verre
qu'il a fabriqué et lui donne sa forme.

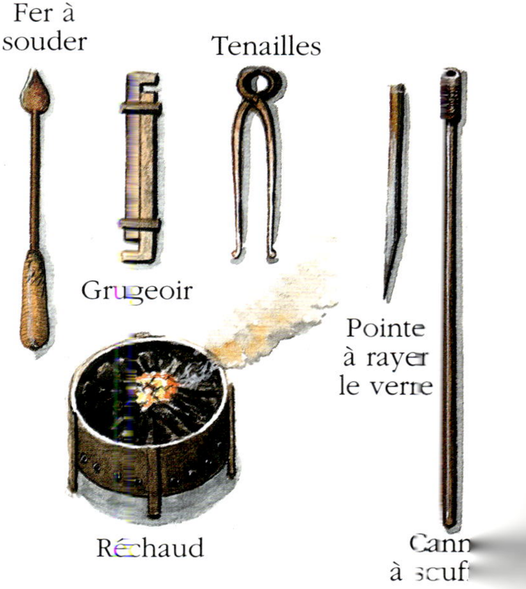

Ils viennent le plus souvent de la ville et des environs.

Tablier de couvreur

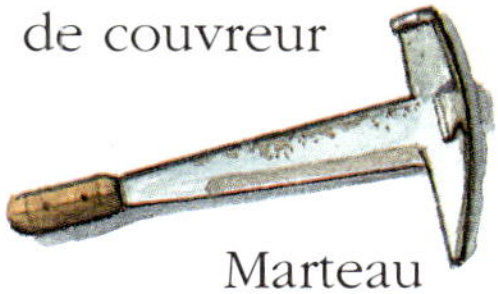

Marteau

Enclumette d'ardoisier

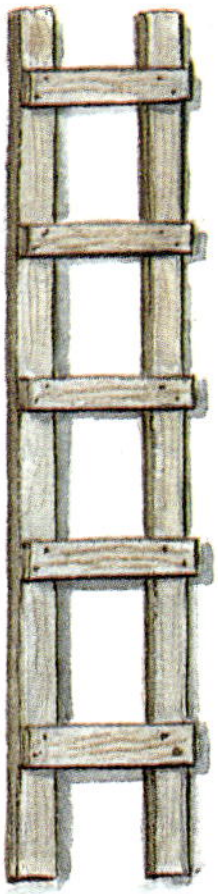

Echelle plate

Le toit est souvent recouvert de plaques de cuivre.

Massette

Poinçon

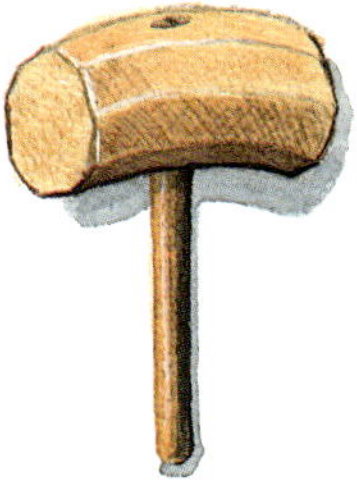

Maillet

Ciseau gradine

Grain d'orge

Gouge

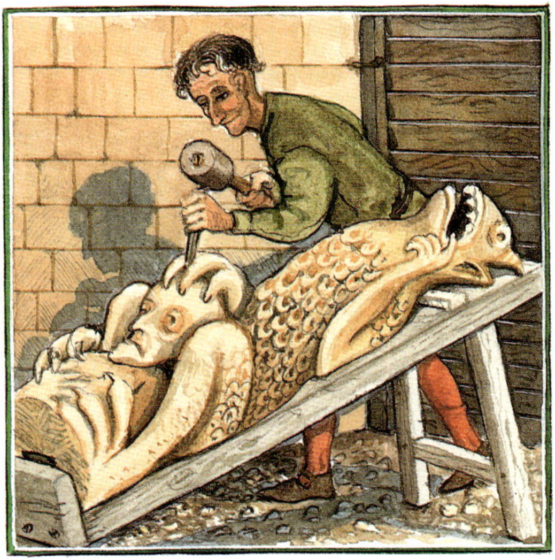

Le sculpteur dessine dans la pierre les livres saints et les légendes.

Les cathédrales
ont été bâties
au Moyen Age.

Je venais
de naître lorsque
l'église romane
de la ville
a été démolie.

La barbe
ne m'était pa
encore venue
quand le chœ
fut achevé.

Leur construction a souvent duré plus de cent ans!

Je racontai à mon fils comment on creusait es fondations de la nef.

Mon fils verra la nef terminée, mais, déjà vieux, il ne verra pas la cathédrale achevée.

Dans la loge des sculpteurs,
Thibault le Vagabond a servi de modèle
pour saint Roch.

Les charpentiers
ont posé les cintres et
les maçons ont appareillé
toutes les pierres.

La grand-roue grince
en tournant :
la clé de voûte
se met en place
pour plusieurs siècles !

Pour que la cathédrale soit lumineuse, l'architecte
a percé les murs de larges baies et de rosaces.

Le maître verrier
et ses compagnons
fabriquent, taillent
et assemblent le verre
qui formera le vitrail.

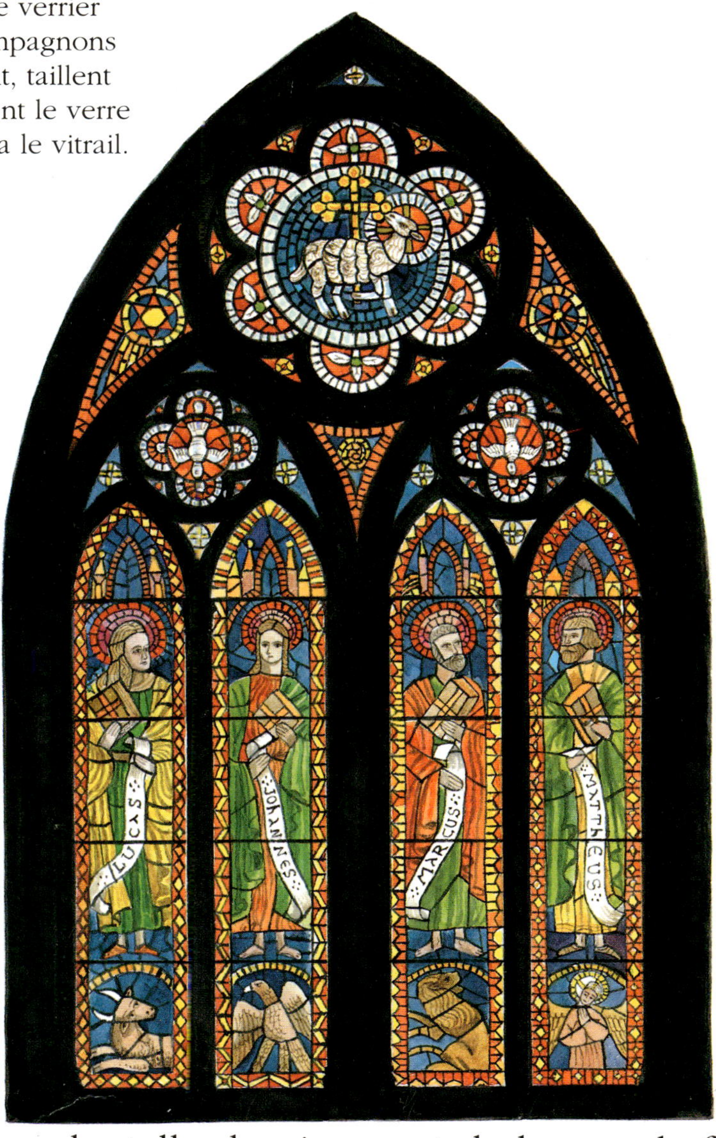

Une dentelle de pierres et de barres de fer
est posée pour fixer les vitraux.

Les tours sont achevées.
Les cloches sonnent
à la volée.

Elles appellent
la population
à la dédicace
de la cathédrale.

Toute la ville est là pour la consécration de la cathédrale.

Un dialogue rituel est prononcé pendant la cérémonie : l'évêque frappe le portail de sa crosse : « Ouvrez-vous, afin qu'entre le roi de gloire ! »

Un clerc à l'intérieur lui demande : « Qui est ce roi de gloire ? »
L'évêque répond : « C'est le Seigneur ! » Et le grand portail s'ouvre...

La plupart des cathédrales existent encore, chacune dans son style particulier selon son pays.

Laon, France, 1160-1300.
La seule cathédrale dont les clochers sont décorés de bœufs en pierre.

Reims, France, 1221-1427.
La cathédrale du sacre des rois de France.

Exeter, Angleterre, 1280-1325.
Les deux tours de la cathédrale sont romanes.

Barcelone, Espagne, 1298-1448.
ette cathédrale s'élève sur l'emplacement
d'une ancienne basilique wisigothique.

York, Etats-Unis, ST. John the Divine.
ommencée en 1892, la construction
cette cathédrale est encore en cours.

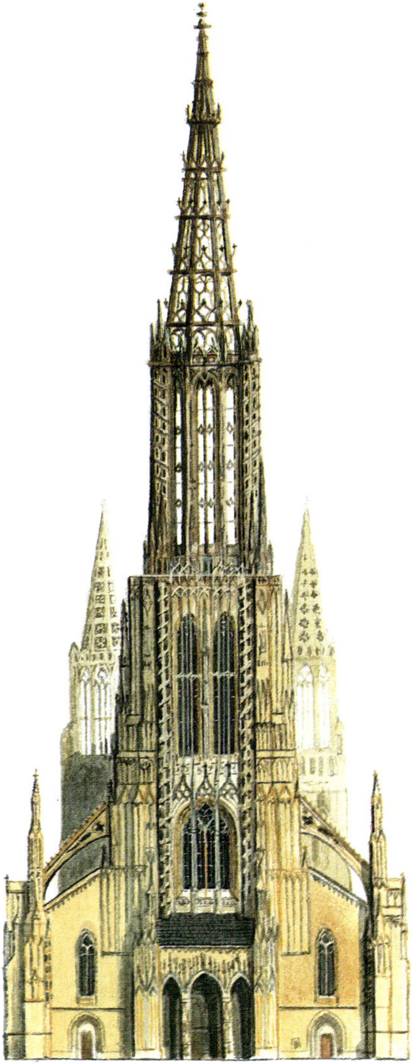

Ulm, Allemagne,1377-1890.
La tours de 161 mètres de hauteur
est la plus haute du monde.

Mes premières découvertes

1 La coccinelle
2 Le temps
3 La pomme
4 La carotte
5 L'œuf
6 L'arbre
7 Le chat
8 La couleur
9 La main et le pied
10 Sous la terre
11 La terre et le ciel
12 L'automobile
13 Le chien
14 Les petits malheurs
15 L'oiseau
16 Le bord de mer
17 Le château fort
18 L'eau
19 La fleur
20 L'ours
21 L'odorat
22 L'avion
23 La tortue
24 L'éléphant
25 La souris
26 La baleine
27 Le cheval
28 La maison
29 Le toucher
30 Le dinosaure
31 Le bateau
32 Le bébé
33 La ferme
34 L'heure
35 L'ouïe
36 La rivière
37 L'image
38 La jungle
39 Plus ou Moins
40 Le singe
41 L'abeille
42 La musique
43 La lumière
44 Le cirque
45 L'aigle
46 Le vêtement
47 Le castor
48 La ville
49 La vue
50 La boîte à outils
51 Le palmier
52 Compter
53 Le sport
54 Le goût
55 La pyramide
56 La chouette
57 Les portraits
58 Les paysages
59 Le bestiaire
60 Les tableaux
61 Les dessins fous
62 Les voitures
63 Les monstres
64 Les animaux
65 Les poissons
66 Les têtes
67 Atlas des pays
68 Atlas des plantes
69 Atlas des animaux
70 Atlas des peuples
71 La nature
72 Les maisons
73 La symétrie
74 Les grimaces
75 La mode
76 Cochons & cie
77 La grenouille
78 Le poisson
79 Le loup
80 Les formes
81 Les Indiens
82 Le corps
83 Le train
84 Le pingouin
85 Le Louvre
86 La cathédrale
87 Le chantier
88 Le téléphone
89 Le papillon
90 Atlas du ciel
91 Atlas de la terre
92 Atlas des civilisations
93 Atlas des animaux en danger
94 La sculpture
95 Vincent van Gogh
96 Les vents
97 Les percussions
98 Le plus fort
99 Le tour du monde
100 Noël
101 Le champignon
102 La vache
103 Le magasin
104 La préhistoire
105 La vie du corps
106 Robo Lapin
107 Framboise
108 Henri Matisse
109 Pablo Picasso
110 Les cordes
111 Les claviers
112 Le pain
113 Les bestioles
114 Atlas de France
115 Chapeau magique
116 Sorcière et Chat
117 Petit ogre vert
118 Robo Lapin et les pirates
119 Les pompiers
120 Atlas des îles
121 Fernand Léger
122 Le canard
123 Le loup miaou
124 Méchant loup
125 La planète grise
126 Le vélo de Noé
127 Les voix
128 L'électroacoust

J'observe :

129 La vie sous la ville
130 Les animaux sous la terre
131 Les animaux dans la nuit
132 Les maisons des insectes
133 Les poissons
134 Les dinosaur
135 Avant la nais
136 Naître
137 L'impression
138 Les crèches
139 Le football
140 Oscar peint
141 Le nain de
142 Pingouins p

Responsable éditoriale : Anne de Bouchony

ISBN : 2-07-059013-5

1er dépôt légal : mai 1995
Dépôt légal : mars 1998
Numéro d'édition : 84789
Imprimé en Italie par Editoriale Libraria
Loi n° 49-956 du 16 juillet 1949 sur les publications destinées à la jeunesse